Grace Ledden, MA, BCBA
Mírame florecer cuando hago amigos nuevos
AF265919

Mírame florecer cuando hago amigos nuevos

Una historia de afrontamiento para niños con autismo sobre cómo gestionar las emociones, practicar las habilidades sociales y entablar relaciones positivas.

Escrito por Grace Ledden, MA, BCBA
Ilustrado por CyAn Platas

Edición en papel   ISBN: 978-1-962410-20-5
Edición digital   ISBN: 978-1-962410-21-2

Publicado por Daily Bloom LLC - Tennessee, EE.UU.

www.mydailybloom.com

A todas las familias que recorren el singular camino del autismo.

Este libro está dedicado a ustedes, en reconocimiento del viaje que emprenden cada día. Que les sirva de pequeño recordatorio de que ustedes importan, son amados y de que no están solos. Por sus extraordinarias vidas y por las historias que siguen escribiendo cada día.

Este libro pertenece a

Hola, me llamo Olivia. Tengo cinco años y me gusta leer libros sobre gatos, contar todo lo que veo y dibujar las banderas del mundo.

Soy un pelín diferente de los demás niños de mi edad. Soy autista. Esto
me hace especial, pero también puede hacer que me resulte difícil
hacer nuevos amigos.

Un día, estaba en el patio de recreo viendo a otros niños jugar y divertirse. Yo quería jugar con ellos, pero era demasiado tímida. Me sentía nerviosa.

Me empezaron a temblar las manos y sentí que el pecho me latía deprisa como un tambor. Me daba miedo acercarme a los otros niños. Mientras estaba allí sentada con mis emociones fuertes, las lágrimas empezaron a resbalar por mis mejillas. No sabía qué hacer.

De repente, oí crujidos entre los arbustos y vi una lluvia de destellos.

Un pequeño gnomo de pelo rubio, grandes ojos azules y un sombrero rojo puntiagudo salió del arbusto.

—Hola, Olivia —dijo—. Me llamo Rosie y soy tu Bloom Buddy.

No sabía qué decirle. Estaba sorprendida y abrumada. Nunca había conocido a una Bloom Buddy.

—Olivia —dijo Rosie al darse cuenta de mis emociones fuertes—, ¿estás bien? Veo que estás preocupada. ¿Por qué no te unes y vas a jugar con los otros niños?

—Soy demasiado tímida y estoy asustada —respondí—. No sé cómo hacer amigos.

Rosie me sonrió:

—No pasa nada por ser tímida y estar asustada, Olivia. A veces yo también me siento así. Hacer amigos puede dar miedo, pero también puede ser divertido. Sé que puedes hacerlo y estoy aquí para ayudarte.

—Cuando quiero ser amiga de otros Bloom Buddies y me siento nerviosa, imagino que entro a una burbuja. ¡Esta burbuja me hace sentir valiente, segura y confiada! Yo la llamo mi "burbuja de valentía". Cierro los ojos e imagino que estoy metida en una gran burbuja que me hace sentir valiente. Cuento hasta tres y abro los ojos. Te lo enseñaré.

Rosie cerró los ojos y se quedó quieta durante tres largos segundos antes de volver a abrir los ojos.

—Hace que todos mis nervios y mi timidez se achiquen y me da valentía —continuó Rosie—. Entonces puedo decirme a mí misma: "Soy valiente. Puedo hacerlo". Me siento segura para presentarme a otras personas y preguntarles cómo se llaman.

—¿Esto también funciona para las personas? —le pregunté a Rosie— ¿O sólo funciona para los Bloom Buddies?

—¡Esto funciona para todo el mundo, Olivia! Sólo tienes que imaginar que estás metida en una burbuja de valentía y luego decir "Hola, me llamo Olivia. ¿Cómo te llamas?". Practiquemos juntas —dijo Rosie.

Imaginé que estaba en mi propia burbuja de valentía y conté hasta tres, como había hecho Rosie. ¡Funcionó! Me sentí tan valiente que estuve preparada para presentarme.

—Hola, me llamo Olivia. ¿Cómo te llamas? —pregunté mientras la burbuja de valentía me mantenía valiente y fuerte.

—Soy Sofía —dijo con una sonrisa—. ¿Te gustaría saltar la cuerda y contar conmigo?

—¡Sí, claro! Saltar y contar son las dos cosas que más me gustan —dije emocionada.

Nos turnamos para saltar mientras la otra contaba los saltos. ¡Fue DIVERTIDO hacer una nueva amiga a la que le gustaba contar y saltar a la cuerda igual que a mí en el patio de recreo!

—Bien hecho, Olivia —dijo Rosie—. Recuerda, está bien sentirse nerviosa y ser tímida. Si alguna vez vuelves a necesitarme, piensa en mí y estaré aquí para ayudarte.

Y Rosie desapareció en una lluvia de destellos.

Al día siguiente, volví al patio de recreo para jugar con mi nueva amiga, Sofía. Cuando llegué, vi a Sofía jugando fútbol con un grupo de niños. Me encanta jugar al fútbol, pero jugar con un grupo de niños que no conozco me daba miedo. Tenía muchas ganas de jugar, pero había demasiados niños nuevos. Eso me puso nerviosa y me hizo sentir tímida.

Me empezaron a temblar las manos y mis mejillas se pusieron más calientes que el sol. Justo cuando estaba a punto de darme la vuelta para irme a casa, sentí un golpecito en el hombro.

—Hola, Olivia. ¿Estás bien? —preguntó Rosie— Parece que estás asustada y nerviosa por jugar al fútbol con muchos niños nuevos. No pasa nada si te sientes asustada. Recuerda que puedes presentarte y decir: "¿Puedo jugar con ustedes?". ¿Por qué no lo intentas?

Cerré los ojos e imaginé la burbuja de valentía. Conté hasta tres y luego abrí los ojos. Me acerqué a Sofía y a sus amigos y les dije:

—Hola, me llamo Olivia. ¿Puedo jugar con ustedes?

—¡Hola, Olivia! —dijeron los niños al mismo tiempo—. Claro, nos vendría bien un jugador más.

Me dejaron unirme y, ¡qué suerte!, estaba en el mismo equipo que Sofía.

—Olivia —dijo Sofía mientras corría hacia mí—. Estoy tan contenta de que hayas venido a jugar al fútbol conmigo y mis amigos. ¡Juguemos!

Nos divertimos mucho jugando al fútbol juntas. Incluso marcamos dos goles.

—Bien hecho, Olivia —dijo Rosie—. Recuerda, está bien ser tímida y estar nerviosa. Sólo usa tus palabras y preséntate, o puedes preguntar si puedes jugar también. Si alguna vez vuelves a necesitarme, piensa en mí y estaré aquí para ayudarte.

Y Rosie desapareció de nuevo en una lluvia de destellos.

Unos días después, durante el almuerzo en la escuela, vi a un niño sentado solo. El niño leía un libro sobre banderas. Quería decirle que a mí también me gustan las banderas. Pero tenía miedo. ¿Y si no quería hablar conmigo? Entonces recordé lo que Rosie me había enseñado.

Cerré los ojos e imaginé que estaba de nuevo sentada en el interior de la burbuja de valentía. Conté hasta tres y abrí los ojos. Me acerqué al niño mientras mi corazón latía dentro de mi pecho como un tambor.

—Hola, me llamo Olivia. ¿Puedo sentarme contigo? —le pregunté.

El niño levantó la vista, sorprendido, pero luego sonrió.

—Claro —dijo—. Me llamo Jeilen.

—Me gusta dibujar banderas. Es lo que más me gusta hacer —dije.

—¿En serio? Me gusta leer sobre banderas. ¡Me encanta hacerlo! —replicó Jeilen.

Comimos juntos y hablamos de lo mucho que nos gustan las banderas.
A él le gusta aprender sobre ellas y a mí dibujarlas. Ahora es mi nuevo
amigo en la escuela.

Mientras volvía a mi clase con los dibujos de mi bandera, Rosie apareció en una lluvia de destellos.

—Muy bien, Olivia. Estoy muy orgullosa de ti. Has hecho un nuevo amigo tú sola. No necesitaste mi ayuda. Te acordaste de cerrar los ojos, imaginaste que estabas en una burbuja de valentía, contaste hasta tres y abriste los ojos. También te acordaste de presentarte y preguntarle su nombre.

Sonreí a Rosie. Me había ayudado a sentirme valiente y segura de mí misma, y ahora tenía dos nuevos amigos.

Rosie me lanzó un beso antes de desaparecer de nuevo entre los destellos, pero yo sabía que volvería a verla.

Cada día que pasaba y con la ayuda de Rosie, empecé a hacer más amigos. Aprendí que estaba bien tener miedo, pero que también era importante ser valiente. Rosie me ayudó a encontrar la fortaleza y el valor que necesitaba.

Ahora, cuando veo a otros niños jugando, no me da miedo. Sé que puedo presentarme a otros niños y preguntarles su nombre. Puedo invitar a nuevos amigos a jugar conmigo o preguntarles si puedo unirme a ellos en su juego.

Aprendí que hacer amigos puede dar un poco de miedo a veces, ¡pero soy valiente y puedo hacer cualquier cosa!

Sigo siendo Olivia, la amante de los gatos, contadora de cosas y pintora de banderas. Pero ahora también soy Olivia, ¡la valiente que hace amigos!

Observa cómo florece tu hijo con nuestra colección de libros protagonizados por los Bloom Buddies

Para más historias, productos Bloom Buddies y recursos para cuidadores, visita nuestro sitio web

www.mydailybloom.com

Acerca de la autora

Grace Ledden, MA, BCBA, es una analista de comportamiento certificada especializada en el apoyo individualizado y el tratamiento tanto para los niños diagnosticados con autismo como sus familias. Grace se graduó con una Maestría en Análisis de Comportamiento Aplicado con énfasis en el autismo. Grace busca crear apoyos visuales y herramientas que ayuden a los niños y sus familias a navegar por su mundo y llevar una vida más significativa. Grace se esfuerza por formar parte de la creación de un mundo más inclusivo, que acepte y comprenda la neurodiversidad.

Gracias por elegir compartir "Mírame florecer cuando hago amigos nuevos" con tu hijo.

Mi objetivo con esta colección era ofrecer a nuestros pequeños lectores un espejo que refleje sus experiencias y emociones, y, al mismo tiempo, capacitarles con estrategias y técnicas tangibles. Al comprender, gestionar y expresar sus emociones, pueden construir una base de resiliencia emocional y autoconciencia.

Esta historia está inspirada en la valentía discreta que he visto en muchos niños, especialmente en aquellos con autismo. Con la aparición mágica de Rosie en los momentos de duda de Olivia, ella no solo se atreve a conectar con los que la rodean, sino que encuentra su burbuja de valentía para hacer nuevos amigos.

Al igual que las flores florecen con cuidados y sol, los niños prosperan con comprensión y amistad. Juntos, ayudemos a cada niño a cultivar un jardín lleno de relaciones positivas.

- Grace Ledden

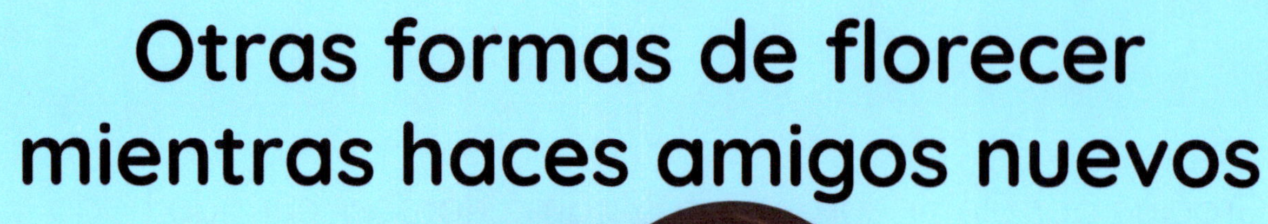

Otras formas de florecer mientras haces amigos nuevos

Hacer preguntas
Compartir
Sonreír y saludar
Ser uno mismo
Escuchar
Ser amable
Incluir a los demás